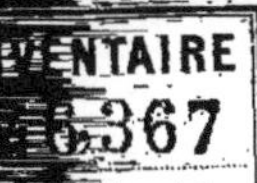

ÉMILE MAZE

LES

BEAUX-ARTS

A PAU

SALON DE 1868

PAU
A. VERONESE, IMPRIMEUR ÉDITEUR
RUE DES CORDELIERS, IMPASSE LA FOI

1868

LES

BEAUX-ARTS

A PAU

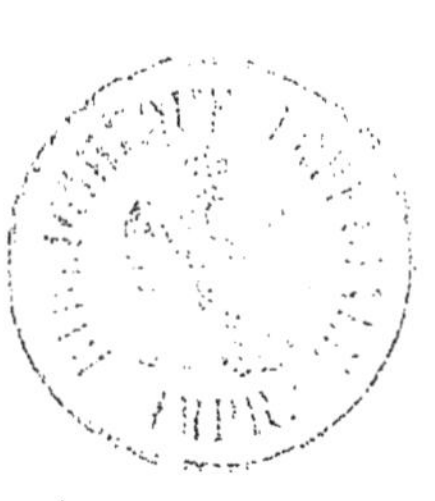

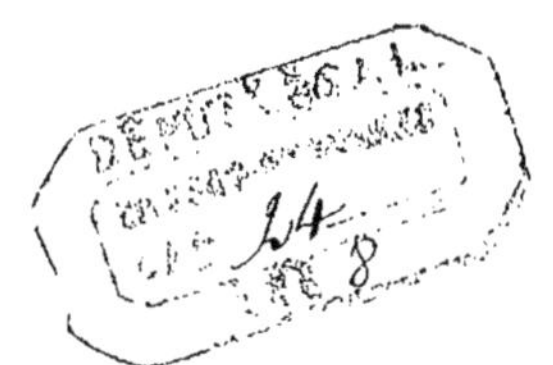

PAU — IMPRIMERIE ET LITHOGRAPHIE VERONESE

ÉMILE MAZE

LES BEAUX-ARTS A PAU

SALON DE 1868

PAU
A. VERONESE, IMPRIMEUR ÉDITEUR
RUE DES CORDELIERS, IMPASSE LA FOI

1868

V

*Ceci n'est pas un livre, pas même une brochure. C'est la réimpression d'articles qui ont paru dans l'*Indépendant. *Désirant de conserver l'allure franche et prime-sautière d'articles écrits au jour le jour, nous les réimprimons tels quels. Ils resteront ainsi ce qu'ils sont : incorrects et incomplets, mais libres et sincères.*

E. M.

LES BEAUX-ARTS
A PAU

Lundi, 9 mars.

Le 27 février dernier, à midi, s'est ouverte, à heure dite et jour marqué, la cinquième Exposition de la Société des Amis des Arts de Pau. Tout était en ordre et définitivement installé.

Ouvrir à jour fixe, là n'est pas le miracle. On ouvre toujours. Le miracle est d'être prêt à recevoir convenablement son monde. Nous avons assisté à pas mal d'inaugurations d'Expositions ; presque toutes, il faut bien le dire, ou avaient retardé leur jour d'ouverture, ou avaient admis le public à constater que rien n'était prêt pour le recevoir. La Société des Amis des Arts de Pau a tenu à honneur de prouver que l'exactitude n'est pas seulement la politesse des rois, mais qu'elle est aussi celle des expositions, des petites s'entend ; quant aux grandes.....

De la politesse à la galanterie, il n'y a qu'un

pas. Notre Société n'a pas voulu n'être que polie, elle a voulu aussi être galante, et dès le seuil plaire à ses invités. Des corbeilles de fleurs, des massifs de verdure, décorent comme pour une fête le vestibule et l'escalier de la salle de l'Exposition. Et n'est-ce pas une fête, en effet, qu'une exposition d'objets d'arts : la fête des choses de l'esprit et du goût, la fête des raffinés et des délicats, où tous ne s'amusent pas sans doute, mais où tous sont conviés, et ne s'en doutant guère, s'en vont avec une impression qui ne sera pas perdue?

Ces fleurs et ces verdures ne sont pas, du reste, la seule attention délicate qu'ait eue pour nous la Commission de l'Exposition ; elle a fait percer une porte sur le boulevard du Midi, pour que les promeneurs, attirés là par le soleil et l'admirable panorama qui se déroule devant leurs yeux, n'eussent pas à se déranger, à faire un détour, pour aller comparer les merveilles de l'art aux merveilles de la nature. Nous serons certainement l'organe de tout le monde en remerciant ici la Société de ces gracieuses prévenances, auxquelles — il faut rendre à César ce qui appartient à César — le Conseil municipal a bien voulu généreusement s'associer.

Tout ceci, vous me direz, c'est charmant, sans doute, gracieux et aimable, mais les tableaux ? Leur a-t-on fait aussi quelque galanterie, quelque gracieuseté comme à nous ?

Soyez tranquilles, venez et voyez.

Voyez avec quel soin on les a placés ces chers tableaux, comme on a donné à chacun la lumière et la place qui lui convenaient, comme on lui a évité tout voisinage désagréable ou dangereux, comme avec intelligence on a augmenté la lumière de la salle par des jours heureusement, nous allions dire audacieusement, pris dans la toiture, à travers combles et plafonds.

Toutes ces galanteries faites aux tableaux, galanteries qui ne nuisent en rien à celles faites aux personnes, font le plus grand honneur au zèle et aux connaissances pratiques de MM. Le Cœur et Belin qui se sont tout spécialement occupés, l'un comme président, l'autre comme secrétaire, de l'organisation de l'Exposition actuelle. N'oublions pas, d'ailleurs, qu'une part d'éloges est aussi due à la Commission entière, — composée de notabilités de la ville, — dont le rôle, quoique momentanément effacé, existe cependant et reprendra toute son importance le jour du choix et de l'achat des tableaux pour la loterie, opération délicate et difficile, car ce choix doit être à la fois une récompense pour les artistes et un enseignement pour le public.

Nous voyons d'ici des demi-sourires s'ébaucher sur bien des visages. Ne voilà t-il pas vraiment de bien grands mots : récompense, enseignement, pour une chose bien simple ; acheter beaucoup de petits tableaux pour en faire beaucoup de petits lots pour la loterie qui a servi à attirer les actionnaires. Tant pis pour les actionnaires dont l'horizon s'arrête à la loterie ; ceux-là sont le petit nombre, nous aimons à le croire, les autres voient mieux et plus loin. Ils ont voulu, en devenant actionnaires de la Société des Amis des Arts, s'associer à une œuvre grande et féconde dont les résultats, pour être lents à se produire, difficiles à apprécier, n'en sont pas moins réels et puissants : l'œuvre de divulgation et d'encouragement des choses de l'art.

La Commission qui a foi en cette œuvre, et qui entend sérieusement remplir un mandat qu'elle a sérieusement accepté, n'a point souri de nous entendre parler de récompense pour les artistes et d'enseignement pour le public. Elle sait mieux que nous, elle le prouvera, qu'elle a cette double mission à remplir : que si elle doit veiller au maintien, à la conservation des saines traditions de l'art, à ses progrès, — les traditions de l'avenir, — elle doit aussi travailler à répandre le goût et l'amour des choses de l'art, à guider le public dans une étude où il pourrait s'égarer, et par ses choix intelligents, poser pour ainsi dire des jalons, des points de repère, dans ce champ si vaste des études artistiques. C'est là sa tâche, elle n'y faillira point.

Nous avons parlé de l'œuvre poursuivie non seulement par la Société des Amis des Arts de Pau, mais encore par toutes les Sociétés qui organisent des expositions de Beaux-Arts en France;

nous avons dit que c'était une œuvre grande et féconde. Pour ceux qui trouveraient cette assertion excessive ou hardie, nous dirons, quoiqu'on l'ait dit cent fois, que l'étude et la contemplation des œuvres de l'art ont pour résultat nécessaire, immédiat, de former et de développer le goût, cette fine fleur de l'esprit, qui seul lui donne sa grâce, sa couleur et son parfum ; nous dirons que les études artistiques sont essentiellement moralisatrices, puisqu'elles s'adressent non seulement à l'intelligence de l'homme, mais encore à ce qu'il y a en lui de plus noble et de plus élevé, à l'amour du beau, qui est en même temps l'amour du vrai et du juste ; nous dirons que ces études qui éloignent des plaisirs violents ou grossiers, sont pour ceux qui s'y livrent une source inépuisable de jouissances aussi pures qu'élevées. Nous dirons que la culture de l'art a toujours été la marque des bons esprits et des bonnes époques ; que l'art polit, que l'art civilise, qu'il développe les bons instincts, étouffe les mauvais, et ramène à l'amour de la grande et libre nature, source de toute poésie, de tout grand souffle et de toute liberté.

Ces vérités sont connues dès longtemps, admises sans conteste; il semblerait donc inutile d'y revenir. Il faut, au contraire, y revenir sans cesse. Ce n'est qu'en la répétant sans cesse et partout qu'une idée finit par faire péniblement son chemin dans le monde.

Voici, par exemple, une idée excellente : l'idée de réunir des objets d'art dans un local quelconque, et d'admettre le public à les étudier. Quand a-t-elle été mise à exécution pour la première fois? En 1673 seulement. La peinture et la sculpture ne dataient cependant pas de la veille.

L'idée d'ouvrir des expositions des Beaux-Arts en province, est excellente aussi, et cependant depuis la première exposition de Paris, que de temps écoulé avant la création d'une Société d'Amis des Arts quelconque en province ! Et depuis ce moment, avec quelle lenteur vit-on ces expositions et ces sociétés s'organiser dans les centres qui en sont dépourvus. Et ces sociétés créées, et ces expositions ouvertes par les soins d'hommes dévoués et courageux qui, ne se faisant illusion ni sur les ennuis à surmonter, ni sur les résistances à vaincre, vont de l'avant, forts de leur idée, voit-on le public s'inscrire empressé sur les listes de souscriptions, et les souscripteurs accourir en foule [à la salle d'Exposition] pour se disputer les meilleures toiles et les meilleurs morceaux? Non. Il faut du temps, beaucoup de temps, pour en arriver là.

Il y a cinq ans que la Société des Amis des Arts de Pau est organisée et donne des expositions. Son œuvre est-elle sérieusement comprise, ses efforts sérieusement récompensés ? Le public, le seul *protecteur* et le seul *président d'honneur* que nous connaissions, lui a-t-il accordé son haut patronage ? Nous regrettons d'avoir à dire non, tout bas.

L'idée n'a pas encore fait son chemin.

Et pourtant, s'il est une cité favorisée entre toutes, et par son climat, et par sa richesse, et par l'heureuse disposition de son esprit, une cité où devrait fleurir l'amour des choses de l'art, une cité qui devrait être une autre Athènes, c'est la cité de Pau.

Ville de plaisirs élégants, ville de loisirs faciles, aristocratique rendez-vous de l'Europe qui vient y chercher ce qui manque chez elle, du ciel bleu, du soleil, et une société polie, Pau devrait être aussi le rendez-vous des chefs-d'œuvre de l'art. Il n'y a de luxe vrai, de luxe de bon ton et de bon aloi, que celui qui s'autorise de l'art et de ses productions. L'art est l'inséparable compagnon de la grande existence, *high-life*, comme disent les Anglais. Ce n'est pas assez que des équipages bien tenus, des salons où l'on danse, et des villas où l'on reçoit : luxe de parvenu et d'enrichi, à la portée de quiconque l'achète ; il faut encore que ces salons et ces villas, par les œuvres d'art qui les enrichissent, témoignent du goût de ceux qui les habitent et en font les honneurs.

C'est cet axiôme qu'il n'y a pas de luxe vrai sans art, que nous voudrions voir compris de tous, et mis en pratique par chacun, dans une ville où le luxe est constamment à l'ordre du jour.

Sans doute nous préfèrerions un autre mobile à l'achat de tableaux ou de statuettes, que la satisfaction d'un besoin de luxe, mais laissez faire; ce qui n'était dans le principe qu'une dépense, qu'un sacrifice à la mode, peut-être même à la vanité, deviendra insensiblement la satisfaction d'un goût pur et élevé de l'art.

Ainsi donc, à quelque point de vue que nous nous plaçions, il est une chose urgente à faire: encourager la Société des Amis des Arts et son Exposition ; l'une par des souscriptions, l'autre par des achats.

Tout le monde comprendra que l'avenir de nos expositions n'est assuré qu'à ce prix, les bons tableaux, intelligents de leur nature, n'allant que là où ils ont des chances d'être achetés. Nous espérons que ce double appel sera entendu de tous ceux qui s'intéressent au développement des études artistiques et à la vulgarisation du goût et de la connaissance des productions de l'art et du beau.

Nous remettons à lundi prochain notre première visite au Salon.

Lundi, 16 mars.

Nous avons, dans notre premier article, rôdé autour de l'Exposition ; peut-être même nous sommes-nous attardé trop longtemps aux importantes bagatelles de la porte. Il est plus que temps d'entrer. Entrons.

Le premier mouvement qu'éprouve tout visiteur en entrant dans une grande salle aux murs tapissés de tableaux, est un mouvement d'hésitation. Où aller ? Par quel bout commencer ? On ne voit rien et on voit tout. L'œil est invinciblement attiré par toutes ces lumières, toutes ces couleurs, toutes ces formes qui rayonnent sur lui des quatre coins de la salle et l'appellent toutes à la fois.

Tout le monde a plus ou moins vu une course de taureaux et remarqué l'hésitation perplexe qui saisit tout-à-coup les cornes effilées du premier rôle du drame, en entrant en scène. Il sort du *toril*, impétueux, bondissant, puis il s'arrête.... Il a tout vu : les *picadores* à cheval, lance au poing, les *chulos*, les *banderilleros* tout pailletés d'or et d'argent, revêtus de couleurs brillantes; leurs manteaux de soie qui s'agitent et reluisent au soleil; le public encombrant les gradins, foule bruyante et bariolée, qui s'agite elle aussi, et le salue de ses hourras étourdissants... Il a tout vu... et gratte le sol... hésitant. Foi d'animal, il veut découdre tout ce monde-là. Mais il comprend assez qu'on ne peut courir deux hommes à la fois, et il en voit tant... Que faire? Par lequel commencer?

Nous ne voudrions certainement pas faire de comparaisons tauraumachiques ou malveillantes, mais nous sommes forcé d'avouer, cependant, que rien ne donne une plus fidèle idée de l'hésitation du visiteur ou du critique, en entrant dans un Salon, que celle du taureau en entrant dans la *plaza*.

Bah! faisons comme lui, fondons tête baissée sur le premier tableau venu. Nos cornes sont tamponnées de politesse, il n'en mourra pas.

Tiens! nous avons la corne heureuse et, du premier coup, nous tombons sur un tableau charmant : *Le marché à Abbeville*, de M. Jules Noël. Un marché, c'est toujours une trouvaille pour un flâneur ou un artiste en quête de lignes, de mouvements ou de couleurs. Que d'études toutes faites; que de fières ébauches suspendues vivantes au clou de la réalité, que de tableaux franchement et solidement peints.

M. Jules Noël qui est un artiste et par conséquent un flâneur — aimez-vous mieux le contraire? — s'est bien gardé de négliger une aussi bonne occasion de s'instruire, de s'amuser, — c'est tout un, — et de nous faire un excellent tableau.

Il s'est assis là, sur un banc ou une borne, dans un coin, et s'est mis bravement à croquer ce qu'il voyait : Une place encadrée de maisons comme il y en a partout, sobrement mais suffisamment indiquées, sans oublier quelques étiquettes çà et là, *café, épicerie*; sur cette place, le mouvement et la vie d'un marché; les groupes de gens qui vendent, ou achètent, ou marchandent; les lourdes charrettes des maraîchers; les passants; les chiens qui aboient; les portières qui jacassent; les commissionnaires — ces enfants du soleil là même où ce dernier n'est qu'un mythe — qui attendent assis sur les trottoirs, tout cela est croqué, c'est-à-dire, dessiné de main de maître, vrai d'attitude et de mouvement, sobrement et spirituellement peint, comme il convenait au sujet, touché comme une bonne aquarelle, d'une couleur franche et gaie, et fait du *Marché à Abbeville* une des meilleures toiles du Salon.

Aussi bien, puisque nous avons commencé par ce coin de la salle, continuons en marchant devant nous, jusqu'à ce que nous en ayons fait le tour complet. Ce sera non pas un *voyage autour de ma chambre*, mais un *voyage autour de mon Salon!*

Tout le bruit qui se fait dans le tableau de M. Jules Noël n'empêche pas une bonne femme du voisinage de dormir profondément *Au coin de l'âtre*. Peinture adroite, tout en restant honnête, détails heureux, gamme harmonieuse, quoique sourde, c'est tout ce que nous pouvons dire d'un tableau placé trop haut pour le bien voir. Nous croyons pourtant que M. Guérard a souvent mieux fait que cela.

Nous en dirons autant à M. de Conninck qui a du talent et l'a souvent prouvé. Son *Hymne à la madone* (souvenir des pélerinages dans la campagne de Rome), est un peu, qu'il nous pardonne l'expression, une peinture *de chic*. Après ça, beaucoup qui se croient forts ne l'ont pas ce chic, et nous le souhaitons à plusieurs. L'*Hymne à la madone* est malgré tout une jolie chose, qui, nous l'espérons, nous restera.

Nous voici devant l'une des deux ou trois perles du Salon, la *Femme bédouine de la tribu de Gawar-him de Riha*, forte et excellente peinture de M. Metzmacher, que tout le monde a déjà vue et admirée.

C'est le soir.

> Une planète d'or déjà perce la nue.

Le soleil a disparu derrière l'horizon, ne laissant

après lui que quelques reflets embrasés qui courent encore comme un frisson sur la crête des montagnes. La nuit tombe; tout s'efface sous les plis de son voile noir, et grande, belle et sereine comme elle, se dresse de toute sa hauteur, sur le fond clair du ciel, une femme qui semble la personnifier. Ce n'est pourtant qu'une humble bédouine qui revient du pâturage avec ses moutons; mais la grande ligne de son beau corps, la grâce calme et majestueuse de sa démarche, le profil fier et rêveur de son visage, les draperies qui la couvrent de la tête aux pieds, en font un peu plus qu'une femme, presque un rêve, une apparition.... Poésie forte et saine, qui se dégage toute seule, et que le peintre n'obtient pas par le mensonge ou l'artifice.

Idéal cherché dans la nature, et fourni par elle : l'idéal est là et pas ailleurs. Ceux qui le cherchent dans des formules esthétiques , des formes de convention ou des rêveries stériles, font buisson creux et meurent à la peine. Nous n'en dirons pas davantage du beau tableau de M. Metzmacher, que chacun peut étudier, et qui est plein d'enseignement pour tout le monde.

Les tableaux se suivent et ne se ressemblent pas. A côté de la *Femme bédouine*, *Le jeune enfant*, étude de M. Olivié. Un enfant nu déposé sous un arbre. Quelle belle occasion c'était là de faire du modelé et de la couleur ! Ce sera pour une autre fois. N'en parlons plus.

Ah ! voici des soldats ! Nous commencions à être sérieusement inquiet. Sur cinq tableaux pas un représentant la force armée ! C'était jouer de malheur. Si jamais on a cette idée si simple de supprimer les soldats, ce ne sont pas les tableaux qui manqueront pour renseigner les générations futures sur cet aimable instrument de destruction. Soldats de toutes les époques, de tous les grades, de toutes les armes, — depuis l'arquebuse jusqu'au chassepot, — soldats dans l'exercice de leurs fonctions, etc., etc., tout cela a été peint et repeint avec amour et détail par des brosses habiles et des peintres célèbres. Rien qu'en consultant les musées ou les collections particulières, les générations susdites pourront se livrer à l'étude approfondie des perfectionnements incessants apportés à l'équipement et à l'armement du soldat. Cette étude leur apprendra qu'au XIXe siècle de l'ère chrétienne, ce qui était surtout en honneur auprès des « puissances de ce monde » c'était cette belle maxime de l'évangile : « Aimez-vous les uns les autres » ; que ce qu'on évitait par dessus tout, c'était que la croix du Christ, symbole de paix et d'amour, pût ressembler, même de très loin, à un sabre-baïonnette ; et finalement qu'en fait de chassepot, c'étaient surtout les constitutions que les gouvernements aimaient à perfectionner.

Les soldats que nous montre M. Patrois sont des *Soldats Louis XIII*. Si vous voulez savoir comment étaient équipés les militaires de ce temps-là, et quelle peine se donnent les peintres de ce temps-ci pour reproduire jusqu'au dernier bouton de leur pourpoint, vous n'avez qu'à regarder le petit tableau de M. Patrois. Décidément, il n'y a, parmi les modernes, que Meissonnier qui sache faire de grands tableaux sur de petites toiles. Ce qui n'empêche pas, du reste, M. Patrois, déjà nommé, d'être un peintre de talent, très aimé du public, plusieurs fois médaillé, et « sorti du pair, » comme dit Edmond About.

Traversons la *Ville*, de M. Vertin, et sans demander à l'*Italienne* de M. Richter ce qu'elle attend devant sa porte, à la grande machine de M. Claude ce qu'elle prétend décorer, et à la robe jaune de M Hue ce qu'elle prétend méditer, arrivons à l'*Abreuvoir* de M. Huguet.

M. Huguet avait au Salon de 1866 à Paris, une *Lisière d'Oasis* dont nous nous souvenons très bien, qui était l'un des meilleurs paysages de l'année.

Sans être précisément à la hauteur de l'*Oasis*, *l'Abreuvoir en Afrique* est encore une bonne toile, qui a séduit son monde tout d'abord, et trouvé acquéreur dès l'ouverture de l'Exposition. Il ne faut cependant pas, pour le principe, laisser ignorer que ce sont des qualités un peu superficielles qui ont fait sa fortune : beaucoup de soins dans l'exécution, un effet assez heureux, de jolis petits tons fins, c'est-à-dire, des choses estimables, sans doute, mais qui ne suffisent pas pour faire un chef-d'œuvre ou même un bon tableau. Il est bon de noter aussi certaines réminiscences de Fromentin, — l'*Oasis* en avait de Marilhat; — des contours un peu secs; un ciel un peu dur, trop lourd et trop bas. Au demeurant un bon petit tableau auquel nous ne pouvons faire aucun tort puisqu'il est vendu, et qui méritait de l'être.

Rien à dire du *Grand canal (nord) Venise* de M. Kuwasseg. Papier peint qui s'est trompé de salle. Renvoyé à la galerie de l'ameublement, s'il y en a une.

Le Joueur de Flûte, de M. Escossura, nous prouve ce que peuvent des dispositions naturelles et un bon maître. M. Escossura est élève de Gérôme. Nous nous permettrons de lui recommander tout spécialement un maître qui fait payer ses leçons un peu cher, mais qui les donne excellentes : la nature.

Nous donnerons la même adresse, avec recommandation plus pressante encore, à M. Doze. Il nous en remerciera plus tard. Quant à M. Saunier, nous lui recommandons Épinal, il y trouvera l'écoulement de ses *Rives du Bosphore*.

L'*Addio Térésa*, de Mme Salles-Wagner, nous fait assister à une séparation. Un grand gaillard, tout décidé à se consoler ailleurs, serre sur son cœur (par politesse) une charmante italienne qui l'adore. Vous êtes bien dégoûté, Monsieur ! Vous n'êtes cependant prs si beau que ça, vous savez ? et votre maîtresse est ravissante.

C'est la vie. L'*un* qui aime, l'*autre* qui est aimé. D'aucuns qui se croient sages et ne sont que fous, s'arrangent toujours de manière à être l'*autre*. Il est cependant bien cruellement doux d'être... l'*un*.

Lundi 23 mars.

Revenons à nos moutons.

M. Moormans, un élève de l'Académie des Beaux-Arts d'Anvers, expose un petit tableau de genre, *La nourrice*, qui est bien près d'être le meilleur de tous les tableautins de ce *genre* que possède notre Salon. De sérieuses qualités, une bonne harmonie de tons, un dessin suffisamment serré, un bon sentiment, le mettent fort au-dessus de beaucoup d'autres revêtus cependant de l'étiquette *vendu* (1). Tant il est vrai....

Pourquoi donc les demoiselles font-elles de si mauvais tableaux, quand elles se mettent à les faire mauvais ? Les femmes ont cependant toutes nos qualités, et quelques-unes que nous ne possédons pas : la grâce, le charme, la finesse, la sensibilité.

(1) Il a été vendu depuis.

Serait-ce que la femme n'est pas destinée à être artiste? Question que nous formulons timidement, et que nous déclarons impertinente au premier chef. Ce que nous en disons n'est pas pour *La liseuse*, de Mlle Grandmaison. Oh! non.

M. Boudin avait en lui l'étoffe d'un bon peintre de marine. Il est regrettable qu'il la débite ainsi en menus *échantillons*, au lieu de tailler en plein drap. Sa *Plage de Trouville* n'est qu'une ébauche sourde et mal venue. Quelques indications justes, mais lâchées à outrance, ne constituent ni un tableau, ni une œuvre d'art. Un peu plus de respect de son nom et de son métier, même en province.

Il y a un sentiment bien vrai de la nature, une perception bien nette de sa poésie, dans le petit tableau de M. Guillon, *Souvenir de Mortefontaine*. Un sentier qui monte le coteau, l'horizon qu'on ne voit pas, mais qui est derrière, un coin de ciel, pas de figures, et c'est tout. Et c'est charmant, parce que c'est vrai. Pas n'est besoin de certaines lignes, de certains effets, de certaines heures, pour que la nature soit belle. Elle l'est toujours. Il suffit de comprendre sa beauté; une beauté qui se passe audacieusement d'artifices ou de colifichets et n'est jamais plus belle que dans sa divine nudité. M. Guillon, qui a vaillamment remporté sa médaille au Salon de 1867, fait partie de cette courageuse phalange de paysagistes, qui ne s'attarde pas aux chemins frayés, aux succès faciles, mais le cœur haut, poursuit de nouvelles conquêtes, qui viendront s'ajouter à celles qui ont fait de notre école de paysage, la première du monde.

Nous aurons à reparler de cette école et de ses conquêtes. Quant au *Souvenir de Mortefontaine*, il y aurait pour le moins injustice à le renvoyer à son auteur.

On n'en saurait dire autant du tableau de Mlle Stolk. Voici l'indication du livret : *Pensée près d'une tombe d'enfant*, et dessous :

> Oh ! des fleurs que la vie a sitôt fait flétrir,
> N'est-il pas une terre où tout doit refleurir.
> (A. DE LAMARTINE).

> La tombe dit : Ame plaintive
> De chaque âme qui m'arrive
> Je fais un ange du ciel.
> (V. HUGO).

Voici ce que représente le tableau : Un petit amour de mauvaise humeur, — en terre cuite — dans un jardin, entouré de liserons et de roses trémières. On userait dix intelligences moyennes de l'Institut avant de comprendre ce que c'est que cette pensée près de la tombe d'un enfant, et ce que font là ces vers. Est-ce la tombe qui a fait *penser* aux vers? Sont-ce les vers qui ont fait penser à la tombe? ou qui ont inspiré le tableau? On demande le mot de l'énigme. Il y a ici plus qu'un mauvais tableau, — c'est pour cela que nous en parlons, — il y a une erreur profonde, erreur qui a perdu et mené à l'abîme des hommes remarquablement doués, des peintres comme Ary Scheffer et tant d'autres. Cette erreur consiste à vouloir promener la peinture dans un monde qui ne lui appartient pas : le monde des pensées, des idées, des sentiments, toutes choses qui intéressent le poète ou le moraliste, mais aussi toutes choses immatérielles, sans corps et sans formes, feux-follets qui égarent le peintre dans l'impossible et le néant. Une pensée ne se dessine pas, elle se chante ou se rime; c'est affaire à la musique ou à la poésie; mais, que nous sachions, la peinture n'est ni l'une ni l'autre. C'est pour avoir oublié cette vérité primordiale, que ces talents de premier ordre, Ary Scheffer, Chenavard, Delaroche, en France, Overbeck, Cornélius, Schnorr, en Allemagne, — pour en citer quelques-uns — ne nous ont laissé que le témoignage de leur impuissance et de leur folie; savoir, intelligence, génie peut-être, tout s'est abîmé dans le gouffre. La nature était là pourtant, comme toujours belle et souriante, qui les appelait, mais ils ne l'écoutèrent pas.

Voyez ceux qui l'écoutent, comme ils grandissent, se fortifient! regardez ; voici la caravanne de nos *orientalistes* qui revient du désert. Saluons-les au passage. Fromentin d'abord, le chef de file, le cheik; Guillaumet qui le suit de près; Mouchot qui gagne du terrain; Berchère, Belly, Brest, Magy, Tournemine, Washington et les autres. Ceux-là n'ont pas rêvé un Orient idéal, suprà-naturel, l'Orient des poètes et des musiciens, des *Orientales* ou de *Lalla-Rouk*. Non ! mais ils sont partis, sac au dos, pour l'Egypte, l'Afrique ou le Grand-Désert, et ils ont rapporté ces lumineuses toiles que vous savez.

Une rue au Caire, de M. Mouchot, et *Ain Kerma* (source du figuier), de M. Guillaumet, sont malheureusement les seules de ces toiles que possède notre Exposition. La *Rue au Caire*, tableau sans importance dans l'œuvre du maître, nous donne cependant la note de son beau talent. Regardez la lumière qui vient frapper le haut des maisons ; c'est du soleil, du vrai soleil d'Egypte. Et l'ombre dans la rue étroite, l'ombre transparente, un peu vaporeuse, noyant les contours ; voilà la nature étudiée et prise sur le fait. Que ne pouvons-nous accrocher au mur, à côté de *La rue au Caire*, *Le carrefour au Caire*, médaillé au Salon de 1865, ou *Le bazar des tapis*, du Salon de 1866, tous deux au palais du Champ-de-Mars, l'été dernier, tous deux excellents tableaux de M. Mouchot, dont tout le monde se souvient.

Passons, s'il vous plaît, les *coloriages* de MM. H. de Beul, Antony Serres — un peintre de talent — et Gibbon pour arriver plus vite *Aux bords de la Creuse*. M. Groiscilliez est dans la bonne voie. Son procédé est encore un peu lourd, un peu maladroit peut-être, mais patience ! la route est sûre, elle mène au succès. Il y a déjà des parties excellentes et des coins charmants dans son tableau.

Il ne faudrait pas juger M. Carl Schlœsser d'après les *Deux bons camarades*. *Le fruit défendu* et *Pendant le sermon* qui ont eu du succès à l'Exposition universelle de 1867, témoignaient de qualités que nous ne retrouvons pas toutes dans la petite toile de notre Salon. M. Schlœsser appartient à cette école de Dusseldorff dont M. Knauss est l'étoile, et dont on vante surtout l'esprit. C'est bien dangereux l'esprit, en peinture ! On devrait écrire en grosses lettres sur la porte des ateliers : GARE A L'ESPRIT ! Ce serait le CAVE CANEM des anciens.

Où l'on va quand on se laisse guider par l'esprit, et ce que l'on devient quand on écoute la nature, rien ne l'indique mieux que le sort de l'école de Dusseldorff et celui de l'école française. L'une agonise tout doucement après avoir amusé le public des dimanches, avec ses ménageries, ses saltimbanques et ses bohémiens ; l'autre grandit toujours, et a été proclamée par tous à la dernière Exposition universelle, la première école du monde. C'est surtout le paysage qui fait sa gloire, parce que c'est surtout le paysage qui s'est affranchi de la tutelle *historique* pour embrasser la cause de la sincérité dans l'art, et se vouer exclusivement à l'étude de la nature.

Notre école de paysage se compose encore aujourd'hui de deux générations bien distinctes.

La première, celle qui eut l'honneur d'écraser

par ses victoires successives le paysage historique, encore vivant il y a une vingtaine d'années, compte dans ses rangs MM. Paul Huet, qui, le premier, « leva l'étendard de la révolte, » Cabat, Flers, Dupré, Th. Rousseau, Corot, Français, Diaz, Roqueplan, J. André, et *tutti quanti* qui tous s'enrôlèrent sous le même drapeau, et combattirent pour la même cause. Ces noms rappellent des combats fameux et des victoires célèbres. Cette première génération dont nous voulons sauvegarder les droits au titre d'initiatrice, eut le tort, tout en copiant fidèlement la nature, de ne pas se fier suffisamment en sa force et en sa beauté pour négliger la recherche de certains effets prétendus poétiques ou expressifs. M. Th. Rousseau fut peut-être le seul de ce glorieux bataillon, qui, s'affranchissant complètement des préoccupations de style et de certaines traditions de noblesse et d'élégance, osa enfin copier ce qu'il voyait sans l'arranger ou le corriger.

A cette première génération, sincère, mais encore timide, en a succédé une autre, la seconde, qui a fait un pas de plus, et supprimant l'élément humain dans le paysage, c'est-à-dire, ces groupes épisodiques chargés autrefois d'en résumer l'expression ou d'en donner la note, a proclamé la souveraineté absolue de la nature. Daubigny est, jusqu'à présent, la plus forte expression de cette seconde génération et de cette nouvelle école à qui appartient l'avenir. Les huit tableaux du maître exposés au Champs-de-Mars, l'été dernier, ont pu clairement nous révéler ce qu'il y avait de ressources infinies et de succès assurés dans sa voie. Les noms nouveaux surgissent tous les jours, et viennent se joindre aux noms connus, aux talents appréciés déjà de MM. Appian, Hanoteau, Imer, Guillaume, Courbet, Chintreuil, Busson, Blin, Lansyer.

J'en passe et des meilleurs.

M. Lansyer dont nous venons de citer le nom et à qui vous imputerez, si vous voulez, la digression précédente, nous a envoyé son beau tableau, médaillé au Salon de 1865, et admis à l'Exposition universelle de 1867 : *Matinée de septembre à Douarnenez*. Nous ne dirons rien de cet excellent paysage. Il est assez éloquent par lui-même. Nous lui laissons le soin de démontrer à tous les yeux l'excellence de sa méthode, la justesse et la finesse de son observation, sa poésie, gage d'une imitation fidèle, et enfin, toutes les qualités et tous les mérites de l'école à laquelle il appartient. La *Matinée de septembre à Douarnenez* a sa place toute marquée dans le cabinet de l'un quelconque des hommes de goût de notre ville.

Le tableau de M. Claude, *Cygne et Chevreuil*, placé au-dessus du tableau de M. Lansyer, semble avoir été mis là pour le faire valoir ; c'est en regardant l'un qu'on apprécie l'autre !

M. Deshaye qui expose aussi *Une matinée de septembre*, souffre cruellement d'un voisinage trop rapproché. Peut-être y aurait-il justice ou clémence à le placer ailleurs.

Passons.

Voici du *Raisin à la treille*, un peu précoce pour la saison, mais pas bien mûr. Une bonne tête de *Chien d'arrêt dans les joncs*. Un peu grosse la tête, et mal attachée. Un *Intérieur du port de Boulogne-sur-Mer*.

Où l'on voit qu'un monsieur très-sage
S'est appliqué.

Un bouquet déposé sur un banc, lisez : un bouquet en rupture de ban. Les fleurs s'échappent de tous côtés. *Les soins maternels* ou *maman qui fait chauffer la chemise de baby*. Et enfin ! l'œuvre d'un vrai peintre, une étude de rochers dans les montagnes, par M. Guillaume.

Arrêtons-nous. Cette belle étude a une foule de choses intéressantes à nous dire. Elle nous montre à quelle hauteur un sentiment fin et distingué de la nature, joint à un tempérament d'artiste, peut s'élever en face d'un sujet ingrat par lui-même, malgré sa sauvage beauté.

De grands rochers gris, jetés en désordre les uns sur les autres, un jour voilé, un ciel nuageux, voilà la scène. Comment elle est rendue et exprimée, on ne saurait trop l'admirer. Et quelle simplicité de moyens ! Presque rien que des indications, mais comme elles sont justes !

Nous avons appelé le tableau qui nous occupe une étude ; ce mot qui n'est qu'un éloge sous notre plume, puisque pour nous l'étude est presque toujours plus belle que le tableau, — le meilleur tableau est celui qui a le plus gardé de la virginité de l'étude — est souvent un blâme dans la bouche du public, blâme auquel n'échappera pas, nous le craignons, M. Guillaume. Qu'il s'en console. A supposer que son tableau ne soit qu'une étude, c'est une étude largement et vaillamment peinte, d'une harmonie excellente, très fine et très distinguée de tons comme de sentiment, d'une localité merveilleuse, d'un effet *vu*, et d'une facture étonnante.

On appelle cela des tableaux qui ne sont pas finis !

Il est vrai qu'en revanche on appelle généralement finis les tableaux qui ne sont pas même commencés.

Lundi, 30 mars.

Il est une chose qu'un critique honnête ne devrait jamais oublier : à savoir que les peintres et les sculpteurs ne peuvent pas absolument ne travailler que pour la gloire. C'est fort beau la gloire, mais « ça ne nourrit pas son homme » comme disait Rude. Quand tout le monde, de nos jours, s'entend assez à gagner de l'argent, et de toutes les façons, il n'y aurait peut-être pas grand mal à ce que les artistes en fissent un peu de même. D'autant qu'il n'y a pas à dire, il en faut. Ainsi donc, étant admis qu'un peintre ou un sculpteur doit aimer à vendre son tableau ou sa statue, on ne devrait pas s'indigner trop fort si l'un et l'autre se laissent aller à faire surtout ce qui se vend, et subissent le goût du public, au lieu de le régler. De là au petit commerce, il n'y a malheureusement qu'un pas. La question est de savoir si tel, qui le pratique, était de force ou non à l'agrandir.

Voici, par exemple, un peintre estimable, M. Brissot de Warville, dont les petits tableaux se rencontrent partout, Ce n'est ni bien fort, ni bien amusant, mais suffisamment *joli*, et assez gentîment fait. Le public les achète. Sans doute, c'est un petit commerce ; mais comme c'en est un à la portée de toutes les bourses, et qu'il est florisssant, nous n'avons pas le courage de dire à celui qui l'exploite : votre talent vous oblige à être sévère pour vous-même plus que cela, et à nous donner des œuvres sérieuses comme celles que nous avons autrefois vues de vous. M. Brissot n'aurait qu'à nous répondre : je ne les vendais pas ! Et qui serait penaud ? Nous. Et qui a tort dans tout ça ? Le public.

Du reste *Le gué*, vaut mieux que...... et..... que..... qui sont vendus.

Nous espérons que M. Paul Saint-Jean, qui porte un nom de quelque valeur dans la peinture, aura l'ambition plus haute que cela. Son *Panier de cerises* révèle des qualités de largeur et de coloris qui ne devront pas rester à l'état de promesses, mais s'appliquer à autres choses qu'à des ébauches plus ou moins réussies. Elles se vendent, paraît-il. Que cela l'encourage à mieux faire.

M. A. Rosier, lui, ne s'inquiète pas de si peu. Il a un assortiment complet de *Soleils couchant*, de *Vues du palais des Doges*, de *Clairs de lune en Hollande* ou ailleurs, de *Maison sur le lac d'Eau-*

Douce à Tunis, etc., etc. La boutique est bien achalandée, le commerce va bien, les produits sont du reste, il faut tout dire, extrêmement soignés et jolis, ça lui suffit. Tant qu'un tableau se vend, ce n'est pas la peine d'en faire un autre. La *Vue sur le lac d'Eau-Douce à Tunis* doit joliment se vendre, car on la voit partout.

Ne pas faire attention à *La querelle*, de M. Dillens, de Gan. — Ce n'est pas une querelle d'Allemand, mais ça n'en vaut pas mieux ;

Renvoyer à la nature, pour apprendre ce qu'elle enseigne et ce qu'il ignore, l'auteur de *A Estos, le soir*, et son tableau ;

Dire bonjour en passant à une vieille connaissance, à une *Tête de jeune fille italienne*, que nous avons vue souvent ;

Et s'arrêter devant *La leçon de flûte*, de M. Lebel, nous paraît intelligent.

M. Lebel, dont les débuts sont assez récents, quoique son nom jouisse déjà d'une certaine notoriété, est tout simplement en train de devenir un maître. Il a fait sa spécialité jusqu'à présent de petites toiles grandes comme la main, qui ont peine à contenir toutes les qualités qu'il y fait rentrer : observation, dessin, finesse, modelé, coloris, coloris surtout. M. Lebel est un coloriste dans toute l'acception du mot.

Il ne suffit pas de crever des vessies sur un panneau, comme quelques-uns le croient, pour *faire* de la couleur, ni même d'être un peintre violent et chaud dans ses tons, pour être un coloriste. Ne l'est pas qui veut, coloriste. C'est un don naturel, inné, que l'étude et le travail peuvent développer, sans doute, mais faire naître, jamais. La couleur est la musique des yeux ; le coloriste n'est donc autre chose qu'un musicien, c'est-à-dire un homme qui sait ce que c'est qu'une note juste, qui sait quelles sont les successions de tons les plus harmonieux, c'est-à-dire les plus agréables à l'œil, qui sait dans quel ton il peint, et dans quelle gamme il colore. On peut faire des tableaux incandescents comme des éruptions du Vésuve, sans qu'ils aient pour cela un atome de couleur, de même qu'on peut faire le plus abominable tapage, sans que ce tapage ait un atome de musique. Seulement, la peinture étant l'harmonie des couleurs, comme la musique est l'harmonie des sons, il arrive tout naturellement que ces tableaux sont de la peinture comme ce tapage est de la musique. On ne sortira pas de là. La couleur est le seul moyen de traduction, d'interprétation, que possède la peinture ; elle ne peut peindre, dessiner ou modeler que par elle, comme la musique ne peut chanter ou moduler que par le son. Que dire alors de toute une école d'impuissants, qu'on appelle les *Ingristes*, qui, ne pouvant manier ni trouver la couleur, et voulant peindre quand même, ont érigé leur impuissance en système, et inventé cette fameuse théorie de la *ligne* ? Cette ligne est tout d'abord une grosse sottise. De tous les arts plastiques, c'est-à-dire relevant du dessin, l'architecture seule emploie des lignes. Le dessin proprement dit emploie le trait. Or, le trait qui peut exister dans la gravure, la lithographie, l'eau forte, etc., est une pure abstraction dans la peinture. Ce qui fait que les Ingristes, qui disent une sottise en parlant de ligne, diraient une absurdité en parlant de trait. Ce n'est pas nous qui posons le dilemme, c'est à eux d'en sortir. De tout ceci se dégage un principe immuable, éternel, à savoir que la couleur est le *modus vivendi* de la peinture, que hors d'elle point de salut,et qu'il n'y a de peintres que les coloristes.

Donc M. Lebel est un peintre. Il suffit pour s'en convaincre de jeter les yeux sur la *Leçon de flûte.* Ce petit tableau prouve surabondamment, que sans opposition violente d'ombre et de lumière, sans intensité aucune de tons, sans recherche de sonorité, tout en restant dans une gamme basse et sourde, on peut, rien que par la l'habileté et la science du coloris, l'emploi bien entendu des valeurs et des rapports, arriver tout de même à un effet puissant. Cet effet chez M. Lebel est uniquement dû à des colorations profondes et harmonieuses, juxtaposées, combinées avec talent. Ses petits tableaux sont de vraies symphonies. Des symphonies en *brun mineur*, comme dirait notre grand poète Théophile Gautier.

Continuons.

Voici *Le ruban* de M. Accard. C'est la première, si l'on veut, par ordre numérique, de ces 12 ou 13 petites femmes que nous offre notre Salon. Quand nous disons femmes, c'est robes qu'il faut lire, car nous ne sommes pas bien sûr qu'il y ait des femmes dessous ; — peut-être faudrait-il retourner les toiles pour s'en assurer ; — et quant à ces robes, c'est toujours la même, invariablement, une robe de satin ; seule la couleur change. Nous savons très bien que MM. Stevens et Wilhems, à qui nous devons ce débordement de jupes de soie, ont eux-mêmes trop souvent oublié de les faire habiter, mais du moins les deux maîtres du genre — de ce genre — savent-ils casser les plis d'une robe, en peindre les luisants, en imiter le frou-frou comme pas uns. Leurs émules n'ont point ce talent. Ils ne peignent que la robe, c'est vrai, mais ils la peignent mal.

Ce qui nous console, c'est que tous ces mauvais petits tableaux sont tout doucettement en train de faire, sans le savoir, une grande et excellente chose : la réhabilitation esthétique du costume moderne. Cette réhabilitation amènera forcément celle de nos mœurs, et du coup tomberont les préventions injustes qu'artistes et public ont jusqu'à ce jour professées à leur droit. Croire que notre siècle est indigne de l'interprétation artistique, est en effet une de ces croyances bêtes et dangereuses que les Ingres, les Paul Delaroche, les Flandrin et consorts, ont mises en avant, et que ces affreux « *réalistes* », malgré tout leur talent, ont bien de la peine à battre en brèche. C'est cependant bien simple. Le paysage a été affranchi de la tutelle *historique*; pourquoi l'homme moderne, l'homme du XIXe siècle, ne le serait-il pas ? N'est-ce point assez que nous soyons privés de presque tous nos droits politiques, pour qu'on nous refuse encore nos droits esthétiques ? Il y a là aussi une révolution à faire. Et cette révolution nous la ferons au nom même de ceux-là dont on nous a tant parlé, à propos et hors de propos, et au nom desquels on nous a rejetés du domaine de l'art, au nom des Grecs. L'art grec ! l'art antique ! Et que faisaient-ils ces grecs et ces antiques ? Et que voulait leur art, et que voulaient leurs statues, si ce n'est rechercher la formule exacte des idées religieuses et morales de leur temps et devenir l'expression rigoureuse de la civilisation et de la société ? Ce fameux art, ne le voyons-nous pas, en effet, dans le culte, dans la vie publique, dans la vie privée, s'appliquer surtout à satisfaire les besoins et les goûts du moment, de l'époque, et non ceux de temps antérieurs ou de civilisations oubliées ? Et ça l'a-t-il empêché d'arriver à la perfection ? Ça l'y a peut-être conduit. Ce que l'art grec faisait, l'art moderne doit le faire ; le Français du XIXe siècle vaut bien peut-être l'Athénien du siècle de Périclès.

Passons un tableau de chien et chat de M. Noterman, qui occupe une très bonne place, nous ne savons trop pourquoi, par exemple, puisqu'il n'est ni à vendre ni à louer, et a été exposé par son propriétaire et non par son auteur.

M. Worms nous a envoyé sa *Course de novillos dans la province de Valence* (Espagne) qui était au Champ-de-Mars l'an dernier, et a, nous le croyons, obtenu une médaille. Ce tableau dont les nombreux personnages sont tous très-bien dessinés, justes de mouvements et vrais d'attitudes, serait charmant si l'action s'en éparpillait un peu moins. Il n'y a pas là un tableau, il y en a au moins une dizaine. Seulement ils sont tous dans le même cadre, ce qui leur nuit considérablement. Séparés ils seraient ravissants et amusants au possible. Qui trop embrasse.....

Encore un A. Rosier. Passons.

Une autre robe de satin blanc. C'est la seconde. Passons.

Un élève de Veyrassat, qui copie son maître au lieu de copier la nature. Passons.

Un clair de l'une, en Hollande, comme on en voit même en France, avec de petites lumières rouges aux fenêtres. Passons. Ce n'est pas là

> Le clair de lune bleu qui baigne l'horizon,

dont parle Victor Hugo

> *Et qu'on sent* par degrés se mêler à *son* âme.

M. César de Cock, un Belge qui a pris du service dans notre armée de paysagistes, et a déjà conquis, à la pointe de sa brosse, sa première médaille, nous a envoyé deux excellents *Petits paysages en Flandre*, qui démontrent une fois de plus ce que vaut notre école, et ce qu'on gagne à la suivre.

M. Voltz, lui, ne l'a point suivie, ou n'y a rien appris. On le voit tout de suite à son *Pâturage par un temps de pluie*, dont les couleurs papillottent, et dont les détails se multiplient à l'excès dans le premier plan. L'effet de lumière, dans le fond, est cependant assez bien étudié et vrai. La loi des sacrifices est décidément bien essentielle en peinture.

Qui ne sut se borner, ne sut jamais...... écrire.

C'est donc le moment de nous arrêter.

Lundi 6 avril

Vous savez que la peine de mort n'est pas *encore* abolie en France. Nous disons *encore*, parce que c'est une des nombreuses choses qu'on a oublié d'abolir, mais que nous abolirons, soyez tranquilles.

Vous savez de plus que quand un homme en tue un autre, on le condamne de par la loi à se voir privé de sa tête.

Vous savez enfin que cette loi gênante est toujours en vigueur et n'est nullement abrogée.

Comment se fait-il alors qu'après une guerre — — un mauvais coup que l'on fait à plusieurs — la loi ne recherche ni n'inquiète les meurtriers? Serait-ce parce qu'au lieu d'une victime isolée, d'un pauvre cadavre trouvé sur une route ou au coin d'un bois, comme cela se pratique dans les assassinats vulgaires, les victimes sont innombrables, et leurs cadavres entassés par milliers? Serait-ce parce que cette fois-ci les meurtriers sont des . . . .

. . . .

Nous demandons un peu de logique.

Abolissez la loi du talion qui veut que celui qui tue soit tué, ou appliquez-la à tout le monde.

Et dire qu'il y a des âmes simples à qui l'on raconte que tous les « *hommes* sont égaux devant la loi et qui ont la naïveté de le croire. »

Ces réflexions, que nous faisons tout haut, par habitude, nous sont suggérées par le tableau de M. Armand Dumarescq, *L'Hospitalier volontaire*. Un jeune officier, à demi-couché sur un tertre pierreux, va mourir. Il agonise. Son visage a déjà la pâleur et la sueur froide de la mort. De quoi meurt-il? Sa poitrine trouée, le sang noir qui s'en échappe, le disent assez : il meurt donc victime de ce guet-apens honteux qu'on appelle la guerre. A deux pas de lui, un cadavre; à son côté, un homme qui approche un cordial de ses lèvres bleuies, un de ces hommes que la conscience des peuples envoie sur les champs de bataille secourir les blessés. Voilà le tableau. Il donne le frisson; et devant ce mourant, la pensée se reporte, instinctive, vers celui qui a payé et commandé le meurtre.

Ce n'est plus qu'une question de temps. Le passé lutte, mais il croule. La guerre est jugée. Les sociétés modernes la renient et la condamnent. On ne le saurait pas d'ailleurs que l'art, ce fidèle écho de la conscience humaine, suffirait à le prouver. Avec Horace Vernet, la guerre est pittoresque, épisodique, presque coquette : on croyait à la gloire en ce temps-là. Avec M. Yvon, elle est encore enivrée de bruit et de poudre, mais déjà brutale et féroce : sa malédiction commence. Avec M. Protais ou M. Dumarescq, tout le monde l'a vu, la guerre ne cherche plus à mentir; elle dit hautement ce qu'elle est : une chose inhumaine, douloureuse et triste. Elle a fait son temps. Qu'elle soit maudite à jamais ! maudits aussi les champs de bataille, — des abattoirs; — la gloire — une honte; — la conquête — un vol; — le chassepot,

Par le pape à Rome bénit,

— une *merveille*, le couteau du meurtre !

Toutes ces choses sont jugées et mortes. Le courant les entraîne. Laissons l'épave s'échouer en paix.

Passons.

Encore une robe de soie. Celle-ci est mauve, et prend du thé. Nous oserions parier qu'il n'est pas de la caravane. Tout le monde n'en boit pas, Madame. *Non hic piscis omnium.* Ah ! pardon, c'est du latin.

M. Kuwasseg qui nous a déjà montré deux très mauvais petits tableaux, nous offre *Une vue de la Tamise*, qui est presque une bonne toile. Comment cela peut-il se faire ? Il a dû changer de brosse.

M. Bendorp a très finement peint deux châtelaines en promenade. La jeune est charmante; mieux que sa levrette par exemple, mieux encore que les mains de la mendiante assise sur le bord du chemin. On a beau avoir des mains *canailles*, encore sont-elles dessinées.

Ce ne sont pas les *Moutons* de M. L. de Beul, qu'on peut accuser d'être canailles. Regardez leur laine soyeuse, leurs extrémités délicates; parole d'honneur, ils sentent la poudre de riz ! Nous aimons mieux l'odeur du suin, et le parfum de l'étable. M. L. de Beul a pourtant du talent; son tableau est bien composé, bien peint parfois; mais que sait-on ? il croit peut-être à l'idéal ou au style, et les moutons de dame nature sont si souvent crottés et mal fleurants ! Il en a fait d'autres. Et les siens sont si jolis, si jolis..... Brendel, Chaigneau, Ch. Jacques, Troyon, où êtes-vous ? Nous n'apercevons que M. Boulogne, ça ne peut nous suffire. Son taureau dans les *Landes du Gombo*, n'inspire aucune confiance. Vilain pays ce Gombo ! pas de soleil, pas de couleur, mal dessiné, vilain pays...... C'est pourtant en Italie. Qui le croirait ?

Quand on parle du loup on en voit la tête. Voici des Italiens. Trop d'Italiens. Ils finiront comme leurs frères de la Bourse, par ennuyer les gens. Déjà ils baissent. Avis aux porteurs d'intentions italiennes, peintres riches ou pauvres; le moment est venu de placer leur talent ailleurs, et de peindre autre chose. En attendant, le marché regorge de *Pifferari* des deux sexes. C'est à qui les peindra. Il reste à peine quelques maigres épis à glaner dans un champ qu'ont vaillamment moissonné les Hébert, les Curzon, les Bonnat et d'autres ; c'est égal, les glaneurs abondent.

M. Fines est du nombre. Nous admirons son courage, mais pas son tableau : *Consolation*.

S'il ne faut plus abuser des Italiens, il ne faudrait pas abuser davantage des vues d'Orient. La recette est connue. Chacun sait quels ingrédients il faut et comment on les dose. Un premier plan sablonneux, avec quelques cactus çà et là, un ou deux chameaux, quelques burnous ; au second plan, un marabout flanqué de son éternel bouquet de palmiers ; un lointain vaporeux, teinté de petits tons gris, verts et bleus. Voilà comment cela se cuisine. Et voilà le tableau de M. Boze : *Halte près d'un marabout*, le nom ne fait rien à l'affaire. Cela s'appellerait tout aussi bien : *Marabout près d'une halte*, ou : *L'oasis de....* ou : *Le tombeau de Sidi.....* Il n'y a que l'étiquette à changer.

Mlle Burnaert, qui nous vient de Bruxelles comme M. de Beul, est plus près de la nature que lui, aussi son *Chemin à Villers* vaut-il mieux que les *moutons* dont nous parlions tout à l'heure. C'est un bon tableau.

On n'en saurait dire autant d'*Une jeune femme*, de M. Constantin (robe de soie bleue clair) ; ni du *Miroir*, de M. Gaume (robe de satin blanc, veste de velours bleu, garnie de petit gris) — on se croirait au *Coin de rue* ou au *Petit-St-Thomas* — ni du *Chenil*, de M. Noterman, qui, décidément, *peinturlure* au lieu de peindre, ce qui vaudrait mieux.

M. Saal est un Prussien que nous avons francisé en le médaillant, l'admettant à notre école, etc.... C'est ainsi que nous devons faire des conquêtes en delà du Rhin, et pas autrement. *Une nuit d'hiver en Laponie,* est une toile où il neige pour de bon et où il fait réellement froid. Pauvre Lapon ! il troquerait bien son traîneau contre un wagon de 1re classe et sa bouillotte d'eau chaude.

M. Jules Constant a essayé de faire un grand tableau, *Les maquignons*. Ce n'est pas tout que d'oser, il faut pouvoir, et parfois les forces trahissent. C'est ce qui lui est arrivé.

M. Tanneur a probablement essayé, lui aussi, de faire une *Marine, barque de pêcheur*, mais il n'a pas réussi. M. Vénat, au moins, a réussi à vendre son *Etable* ; c'est toujours cela. Mme Lecomte-Cherpin pourra-t-elle en dire autant de ses *Jeunes gazelles au désert de l'isthme de Suez* ? Ne sont-elles pas trop mal empaillées ? M. Moynet a-t-il atteint son but en peignant le *Monastère de Troitza près Moscou* ? Il a fait preuve de savoir et de talent, œuvre de peintre en un mot; est-ce bien là tout ce qu'il en voulait faire ? A-t-il réussi ?

Nous avons tous de ces mélancoliques points d'interrogation qui se dressent devant nous comme des cyprès funèbres dans la vie de tous les jours. Qui peut se vanter d'avoir réussi ? Qui n'a caressé son rêve ou flatté sa chimère ? Qui n'a vu fuir le but, et mourir l'espérance ?

Qui ne s'est dit : le bonheur est là ! devant une porte obstinément fermée ; et ne s'en est allé, triste et seul, murmurant les vers du poète :

Au moins plante un clou dans ta porte :
Un clou pour accrocher mon cœur.
A quoi sert que je le remporte
Fou de rage, mort de langueur ?

Nous ne sortirons pas des choses tristes ; voici un cimetière et des *Orphelines*. Heureusement qu'elles sont d'un banal à ne pas nous attendrir longtemps.

M. Saal ne peint pas que la neige. Son *Étang à Chamounix* est aussi vrai dans son harmonie verte, qu'*Une nuit d'hiver en Laponie* l'est dans son harmonie blanche. Les bourgeois appelaient autrefois les tableaux verts des *plats d'épinards*. De nos jours ces plats ne se servent plus que sur leurs tables. Il ont renouvelé leur vocabulaire.

Il y a bien du talent, de la finesse, de la distinction dans les *Moutons*, de M. de Bylandt ; un sentiment délicat, une coloration habile et souvent harmonieuse; des morceaux charmants. Que manque-t-il donc ? La vérité et la sincérité. Les moutons sont trop grands; les plans pas toujours à leurs places : voilà pour la vérité. L'impression est mignarde, les tons trop jolis, la touche trop *finochée* : voilà pour la sincérité. L'étude plus serrée, plus attentive de la nature corrigerait tous ces défauts, et quand il le voudra, M. de Bylandt sera un très bon peintre. Le voudra-t-il ?

Pressons le pas. *Le retour de la chasse*, *Les porteuses d'eau de la place Saint-Marc*, *Un grand chagrin*, *Le nouveau tambour*, *Le pot au feu*, *Le paysage aux Pyrénées*, n'ont rien à nous dire, et l'*Italienne à la fontaine*, de M. Reynaud, nous attend, assise sur sa cruche depuis assez longtemps. Elle fait même une petite moue de mauvaise humeur qui semblerait indiquer qu'elle s'impatiente. Bah ! quand nous lui aurons dit qu'elle est charmante et bien mignonne, il faudra bien qu'elle sourie. Mais non, elle ne sourit pas. Qu'avez-vous donc, mon enfant ? pourquoi êtes-vous si triste et si rêveuse ? et que regarde là-bas ce joli profil ? Vous aussi..... vous aimez !

M. Raynaud a du tempérament et le sentiment de la couleur. Quand on reste en route avec cela, c'est qu'on l'a bien voulu. Espérons qu'il ne le voudra pas.

Nous n'avons jamais pu nous approcher du *Café chantant en plein air*, de M. Feyen-Perrin, sans pousser un profond soupir, en songeant que son propriétaire..... n'était pas nous. Un soupir ça ne fait de mal à personne, et parfois ça soulage. Soupirons donc une fois de plus.

Il serait pour le moins inutile de décrire un tableau que quiconque a des yeux sait par cœur. Ce n'est pas pour nous seulement, c'est pour tout le monde que le *Café chantant* est l'une des perles de notre Salon, une œuvre saine, forte, dont le charme est pénétrant et le souvenir durable. Nous avons parlé de symphonies à propos des tableaux de M. Lebel. C'est celui de M. Feyen-Perrin qui en est une; une symphonie large et cadencée, mélodieuse, d'une sonorité douce et puissante, qui s'impose au regard, doucement lui fait fête, et chante longtemps dans son souvenir.

Voilà ce qui s'appelle de la couleur ! voilà ce qui s'appelle de la peinture ! Et comme cette belle toile nous faisait avoir raison quand nous disions qu'il n'y a de peintres que les coloristes, et que hors la couleur point de salut ! Nous avons revendiqué les droits esthétiques du costume moderne, et soutenu que nos mœurs étaient aussi pittoresques que d'autres; le *Café chantant* nous esquisse une scène d'hier ou d'aujourd'hui dont les acteurs sont habillés comme vous ou nous. L'épreuve est concluante, M. Feyen-Perrin en a doublement triomphé. Qu'il nous soit permis d'applaudir à deux mains. Entre deux soupirs, nous féliciterons aussi l'heureux propriétaire du *Café chantant*. Il a fait preuve de goût et de bon sens artistique — deux choses bien rares — en achetant un tableau que certes tout le monde n'aurait pas acheté, quoique ce soit presque un chef-d'œuvre. Beaucoup d'amis des arts comme vous, monsieur, et aussi beaucoup d'acheteurs intelligents comme vous, et nos Salons deviendront célèbres.

Encore un soupir et éloignons-nous pour jamais !

Ce n'est pas le *Grand canal (nord) de Venise* qui nous consolera. De la belle peinture au mauvais papier peint la chûte est trop lourde ! D'ailleurs, comme l'a dit Musset :

> Quand un cœur vous a contenue,
> Juana, la place est devenue
> Trop vaste pour un autre amour.

Lundi, 20 avril.

Nos souverains ont eu de tout temps, de nos jours surtout, l'agréable habitude d'acheter des deniers publics, des tableaux qu'ils *offrent* ensuite aux musées de province. Jusque-là rien à dire; et si mention était faite sur le cadre ou ailleurs que c'est nous-même qui nous offrons les susdits tableaux, tout serait pour le mieux dans la meilleure des républiques. Mais non! Les objets d'art, généreusement offerts par nos souverains, portent ostensiblement, la rubrique : DONNÉ PAR, etc. Le moindre inconvénient de cette façon d'agir est d'induire en erreur des gens parfaitement honnêtes, et de leur faire croire qu'ils reçoivent en dons des objets dont ils paieront la note; ce qui est fâcheux. Il est pénible d'avoir à ajouter qu'en général ces objets, que nos souverains achètent sans nous consulter, sont d'un goût.... douteux et d'une valeur apocryphe. Ce qui prouve, une fois de plus, que nos affaires, même nos affaires d'art, ne seront bien faites que quand nous les ferons nous-mêmes.

Comme l'exception confirme la règle, il arrive quelquefois, — pas souvent, — que nos souverains achètent un très bon tableau. Par exemple, *Aïn Kerma* (source du figuier), de M. Guillaumet, a été DONNÉ PAR L'EMPEREUR au Musée de la ville de Pau. C'est une très forte et très excellente toile dont nous ne saurions jamais assez dire de bien. Nous ne regrettons qu'une chose, c'est qu'elle ne soit pas exposée à sa vraie place, au Musée, au lieu d'être compromise au milieu des tableaux de notre Salon.

Les dernières recommandations de M. Fouque, sont un de ces tableaux honnêtes de forme et de fond, aussi honnêtement pensés que peints, qui ont le malheur de n'amuser personne. Un mari mourant qui recommande son père à sa femme. Le public ne connaît ni ce père ni ce mari, et il passe. Il passe également, non sans rire un brin, devant *Le rêve de Sybille*, qui représente un cygne à deux têtes dont une d'enfant. Deux têtes! C'est trop d'une pour le moins.

Nous devions faire le tour de la grande salle de notre Exposition, mais devant l'obscurité qui règne sur la paroi du Midi, obscurité où ne se voient que trop certaines toiles, nous

nous arrêtons. Nous ne nous enfoncerons pas dans ce qu'on pourrait appeler non le *Salon*, mais le *Cabinet* des refusés.

Nous reviendrons dans la grande salle pour examiner les statuettes, bronzes, plâtres, terres cuites, etc. Passons dans le second Salon.

L'un des premiers tableaux qui s'offrent aux regards, est *La chaumière aux canards*, de M. Victor Dupré. Un nom célèbre vaillamment porté. Ce bon tableau est malheureusement si mal placé, si haut, et dans un si mauvais jour, qu'il aura complètement passé inaperçu, si on ne s'empresse, avant la clôture de l'Exposition, de le mettre ailleurs.

M. Desjardins est dans les bonnes traditions de notre école de Paysage. Les trois tableaux qu'il expose sont recommandables tous trois. Le *Ruisseau près Glénic* (Creuse), est bien vu et bien traité.

Le *Soleil couchant* (Provence), de M. Paul Guigou, révèle des qualités de facture et une originalité de sentiment qui n'ont pas été appréciées à leur valeur, si on en juge par la place qu'il occupe. Ce petit tableau, d'un peintre qui a du tempérament et du talent, méritait une toute autre lumière que celle qui lui arrive. Le soleil ne luit donc pas pour tout le monde! Il est vrai que quelques-uns en sont indignes. Nous verrions, par exemple, la *Vallée du Drac*, de M. Ponthus-Cinier, plongée dans les ténèbres les plus épaisses que nous nous en consolerions très bien. Le *Saint-Hubert*, de M. Wille, serait un peu dans l'ombre que les destinées de l'art ne seraient pas sensiblement modifiées. Peut-être est-il bon, malgré tout, qu'il soit mis en évidence comme il l'est, pour faire voir à tous, qu'avec de l'habileté, de la science, et du talent, mis au service d'une théorie absurde et d'un système impossible, on fait infailliblement un très mauvais tableau. A ce point de vue, le *Saint-Hubert* est on ne peut mieux réussi, et d'un exemple excellent.

M. Eugène Bellangé a fait en province une moisson de médailles, à laquelle le nom de son père n'est pas resté étranger. Les trois tableaux de lui que possède notre Salon, nous le montrent en route, mais loin d'être arrivé. Nous ne pouvons que lui souhaiter bon voyage. Son *Chemin normand* n'est pas de ceux qui conduisent à l'Institut. Il ferait, peut-être, sagement d'en prendre un autre.

Il y a du talent dans le *Souvenir d'une soirée sur les côtes d'Espagne*, de M. Labor. La mer est bien étudiée et d'un bon mouvement. Ce n'est pas précisément commun. Les peintres de marine ont presque tous pour spécialité de ne rien entendre à la mer. Ils ne s'en intitulent pas moins peintres de marine.

Rien de plus commun que le nom
Rien de plus rare que la chose.

M. Appian est un nom connu et une réputation faite. Les *Bords du canal du Bourget* auraient certainement eu meilleure fortune, s'ils avaient été mieux exposés. Les colorations sombres ne sont en valeur que bien éclairées; c'est ce qui a manqué au tableau de M. Appian.

Mlle de Kock serait mal venue à se plaindre de l'exposition de son *Panneau décoratif, Nature morte*; une grande machine désagréable et maussade à l'œil, aussi mal composée que mal peinte, vrai trompe-l'œil, d'une grande habileté de main, qui s'étale triomphalement au-dessus de la porte du troisième Salon. C'est peut-être par galanterie qu'on lui a donné une si bonne place; au quel cas nous n'aurions qu'à nous incliner.

MM. Herwegen et Salentin ont fait en collaboration le tableau qui porte le n° 183. M. Herwegen a fait l'*intérieur*, et M. Salentin le *capucin*. Il est fâcheux que le livret ne mentionne pas le nom du doreur qui a fait, ce qu'on appelle à l'Hôtel Drouot, la *bordure*. Elle est très réussie.

La *Chaumière*, de M. Desjardins, la meilleure des trois toiles de ce peintre, est un excellent petit paysage, d'une coloration sobre et juste, d'un effet réel et poétique qui méritait à tous égards les honneurs du VENDU. Ils lui ont été refusés. Par contre M. Ponthus-Cinier les a obtenus. Tous les goûts sont dans la nature. Nous n'aimons pas les tableaux de M. Ponthus-

Cinier, d'autres les aiment. Il est trop naturel de dire que nous nous croyons dans le vrai.

Les *Fleurs dans une coupe*, de Mlle Longchamp, rallient tous les suffrages. Nous serions heureux d'être de l'avis de tout le monde. Elles sont charmantes. Charmantes aussi sont les *Montagnes des Eaux-Bonnes,* de M. Galos, d'une bonne facture, d'un sentiment vrai, d'une touche agréable.

M. Galos qui a le malheur d'être de Pau et d'y habiter,—nul n'est prophète dans son pays—est l'un des exemples les plus surprenants que nous connaissions de ce que vaut et de ce que peut l'étude de la nature. Sans autre guide, sans autre appui, sans autre maître que la nature, élevé par elle et à son école, M. Galos est devénu tout seul un bon et un vrai peintre de paysage. Cet enseignement ne trompe ni n'égare jamais. Aimez-la cette grande nature ; vivez avec elle ; à force d'assiduité et d'amour, méritez ses faveurs, et vous verrez quel homme fort et trempé vous sortirez de ses mains.

M. Galos le sait bien, lui qui l'a tant aimée. Seulement qu'il y prenne garde. La nature est une maîtresse jalouse ; elle s'alarme de la moindre infidélité et se venge quand on la trompe. Elle se venge non-seulement en vous plantant là, mais encore en ensorcelant, si possible, vos brosses et vos palettes. Le dessin devient incorrect, malhabile, hésitant, les couleurs s'embrouillent, les tons... détonnent, vous faites de mauvais tableaux. Elle se venge

Vous ne la trouviez point assez belle. Vous aviez cru, insensés, que le rêve de votre imagination serait plus beau; mais ce rêve n'est qu'une hallucination que la nature vous envoie, une hallucination qui vous égare. La nature se venge.

Que M. Jules Salles prenne garde à cette vengeance, son *Pifferaro* est bien joli avec ses grands yeux fendus en amande. M. Salles a du talent. Mais qu'il se méfie! La nature le guette. *La Prière*, aussi, est bien jolie, presque trop jolie. Du joli à l'infidélité il n'y a qu'un pas... bien glissant. M. Ponthus-Cinier l'a franchi ce pas. Aussi a-t-il fait plus que glisser : il est tombé. Le *Revers Mont* et surtout la *Forêt marécageuse*, le prouvent à quiconque a des yeux pour voir. Ce sont de mauvais tableaux. Comparez-les au *Moulin* de M. de Cock, et vous verrez de suite la différence. Le *Moulin* est excellent parce qu'il est vrai, et surtout parce qu'il est sincère. La sincérité ! La sincérité ! c'est le mot d'ordre, le *Sèsame ouvre-toi*, et toutes les portes s'ouvrent. Pourquoi ruser avec la nature ? Elle est bien plus forte que nous.

M. Couturier n'a pas l'air de le croire. Il s'est fait une *Basse-cour* à lui. C'est toujours la même. Il n'en peut sortir. La nature en a par milliers et les varie sans cesse. C'est elle le grand compositeur.

Les plages de Trouville ont leur peintre officiel dans M. Boudin. Nul mieux que lui ne sait rendre les groupes de petits-crevés et de belles dames qui vont *tapager* sur la grève à l'heure des bains. Ce n'est pas bien *sérieux*, mais légèrement et spirituellement touché, de bonnes aquarelles à l'huile. C'est bien peut-être tout ce qu'il en faut pour une société qui n'est guère sérieuse, elle non plus. Nonobstant, nous voudrions voir M. Boudin faire autre chose.

Les fleurs — ces aimables fleurs — ont servi de prétexte à tant d'horribles peintures, que c'est une bonne fortune et une douce émotion quand le hasard nous en fait rencontrer de vraiment belles. Cette fortune et cette émotion nous l'avons eue devant les *Fleurs* de M. de Rudder. Interprétation large, coloration harmonieuse et soutenue, sentiment juste et vrai, font de cette toile franchement décorative le meilleur tableau de fleurs non-seulement de notre Salon mais de beaucoup d'autres. La peinture de fleurs est une de celles qui égarent le plus le goût du public. On en est encore aux fleurs de Saint-Jean, le célèbre peintre Lyonnais. Pourtant...... ! Ce n'est pas M. Desgoffes dont on fait grand bruit qui sera le Saint-Jean de l'avenir, mais c'est peut-être M. Maisiat, dont nous déplorons l'absence.

M. Blum voudrait bien attraper son maître

J.-L. Brown, mais ses chevaux n'ont pas d'assez bonnes jambes. Ce n'est pas celui du *Repos*, qui le portera loin. Il n'est pas assez dans ses *aplombs*, comme on dit sur le turf.

Si la bonne volonté suffisait, Mme Puyroche-Wagner aurait fait un bon tableau avec son *Groupe de raisins dans une coupe*. Mais la bonne volonté ne suffit pas, il y faut tant d'autres choses! de la lumière par exemple. C'est ce qui manque le plus dans les toiles de M. Deshayes, où il fait généralement froid; il y a cependant de bonnes qualités dans le *Soleil couchant sur les bords de la Seine à Neuilly*.

M. Baudit est un peu haut perché avec les *Bords de la Seine*. Ses deux médailles auraient dû, semble-t-il, lui valoir les honneurs de la cimaise. Son tableau s'y opposerait-il? Nous ne pouvons répondre. Nous n'avons pu le voir, il est trop haut.

Quand nous aurons dit que le *Paysage italien*, de M. Post, n'est qu'un mauvais paysage; que le *Château de Montorgueil*, de M. Justin Ouvrié, n'est que joli; que la *Côte du phare à Biarritz*, de M. Galos, est une excellente étude pleine d'air et de lumière,—un lot charmant à gagner; — nous n'aurons plus rien à dire sur la peinture au Salon. Il nous reste à passer en revue, les dessins, aquarelles, etc., etc., la sculpture. Ce ne sera malheureusement pas long.

Mieux vaut tard que jamais. Nous allions oublier un charmant tableau de M. F. Reynaud, qui, pour être arrivé longtemps après l'ouverture de l'Exposition, n'a point eu son tour dans notre revue. C'est encore une Italienne ; — la sœur aînée de cette mignonne enfant *à la cruche* dont nous avons déjà parlé. — Une Italienne ravissante dans sa taille svelte, élégante, élancée, de cette ligne qui plaît tant aux poëtes, cette ligne fluette et longue des Dianes chasseresses et des femmes de races. Légèrement appuyée contre un mur gris, elle tient un chaudron dans ses belles mains nonchalantes, et d'un mouvement d'oiseau sa tête se retourne et regarde monter, en longue spirale, la fumée de tisons qui brûlent à ses pieds. Tout est long dans ce tableau, et s'élance d'un mouvement gracieux. Le cadre, la jeune fille, la fumée, tout a l'air de monter comme vers le ciel, où s'évanouissent les fumées et les rêves. Mais les femmes ne s'évanouissent pas, même celles qui font le plus rêver. L'Italienne de M. Reynaud restera dans son cadre, d'où elle fera son doux sourire à ceux qui la contempleront !

Passons aux aquarelles.

Il y a aquarelles et aquarelles, comme il y a fagots et fagots.

Il y a d'abord les aquarelles, *cuisinées* de gouache, de pastel, de crayons de couleurs, comme on s'avise trop de les faire, ces temps-ci, qui n'ont plus de l'aquarelle que le nom. L'aquarelle est une chose charmante, gaie, légère, transparente, que rien ne remplace pour certains sujets et certains usages, et qui s'en va mourir si l'on n'y prend garde. Il est visible, en effet, que le rêve de la plupart de nos aquarellistes, maintenant, est de donner du corps, de l'épaisseur, de *corser* en un mot leurs aquarelles de façon à les faire ressembler le plus possible à la peinture à l'huile. De là, ces *rehaussages*, ces touches de gouache, de pastel, etc., qui alourdissent les tons, leur enlèvent toute transparence, et n'arrivent, en fin de compte, qu'à un compromis bâtard entre l'huile et la couleur à l'eau. On ne saurait trop s'élever contre cette absurde et funeste manie.

Il y a, après cela, les vraies aquarelles. Elles sont extrêmement rares.

Les falaises d'Etretat, de M. Justin Ouvrié, rentrent dans la première catégorie. C'est assez habile, mais ni chèvre, ni chou, ni peinture à l'huile, ni aquarelle. Il faudrait choisir et faire l'un ou l'autre. Même observation à propos de *Vue prise dans la vallée de Lubiaco,* et de *Vue prise aux environs de Pont-l'Évêque*, de M. Lapito. Il y a certainement du talent, mais ce ne sont des aquarelles que sur le livret. Même reproche à M. Bourgeois pour les trois... . Ce qu'il expose n'ayant de nom dans aucune langue artistique, nous ne savons comment les appeler.

Si on veut voir des aquarelles, de vraies aquarelles, il faut regarder deux ravissants paysages de M. Galos — réunis sous la même glace — qui sont ce qu'on appelle deux petits bijoux. Voilà l'aquarelle, avec ses qualités particulières, gaieté, finesse, légèreté, charme, transparence, etc. Les acheter serait à la fois réparer un oubli — injuste, — et enrichir la loterie de deux lots charmants. Heureux les numéros qui les gagneront.

N'oublions pas le *Péage*, une aquarelle aussi, sur velin, d'une couleur fine et distinguée, pleine d'esprit, destinée à faire un éventail charmant.

M. Metzmacher a un petit dessin à la mine de plomb et crayon blanc, *Fellah égyptien*, qui est remarquable dans sa petitesse.

Le portrait d'enfant, pastel, de Mlle de Lage, est une bien jolie chose, bien étudiée et largement faite. Nous en dirons autant de ses deux *Études* au fusin et sanguine. C'est gracieux et aimable à voir.

M. de Coutouly a, sous sa palette, une plume finement taillée, dont il se sert pour écrire les charmants articles que vous savez, dans le *Furet*, — de joyeuse mémoire, l'*Indépendant*, ou ailleurs. Il paraît que cette plume croque aussi spirituellement qu'elle écrit, puisque c'est elle qui a croqué, d'après nature, les *Sardinières basques*, un petit dessin plein de vie, de couleur et d'effet. A merveille, monsieur, tout le monde n'a pas deux cordes à son arc. Beaucoup n'en ont qu'une ; encore est-elle usée.

Il nous reste à peine quelques lignes pour étudier la sculpture. Nous aurions cependant bien voulu rendre compte en détail de l'importante exposition de M. Mégret, la place nous manque ; tout au plus pouvons-nous recommander à l'attention le buste en marbre de *Richard Cobden*. Un très beau buste, largement exécuté, d'un très bon sentiment, et qui rend à merveille la tête ferme et douce à la fois du célèbre économiste anglais. Le *Portrait de Mme M....* et la *Fille du poète*, deux autres bustes en marbre, révèlent toutes les qualités du talent de M. Mégret, talent souple et sincère, ne sacrifiant pas aux futiles adresses de la main, mais visant plus haut et cherchant dans la réalisation du beau, dans la nature, à atteindre ce qui est la fin et le but du grand art. M. Mégret expose encore une statuette en marbre : *Concordia*, et deux petits bronzes : *Mercure et Sosie*, qui sont recommandables à plus d'un titre.

Citons rapidement : L'*Agriculture*, terre cuite de M. Lanson assez bien modelée. Un *Taureau*, bronze de M. Vidal, trés bien étudié et fortement rendu, œuvre importante. *La pêche*, terre cuite de M. Sauvageot, d'un très bon mouvement et d'une jolie ligne.

C'est tout ce qui mérite d'être distingué.

www.ingramcontent.com/pod-product-compliance
Ingram Content Group UK Ltd.
Pitfield, Milton Keynes, MK11 3LW, UK
UKHW020325220726
13923UKWH00003B/1372